AF498045

FRAGMENTS,

COMPOSÉS DE L'ACTE DE L'AIR,

Du Ballet des ÉLÉMENTS;

DE CELUI DE LA SIBILLE,

Du Ballet des FÉTES D'EUTERPE;

ET DU PRIX DE LA VALEUR,

NOUVEAU BALLET-HÉROÏQUE,

EN UN ACTE:

REPRÉSENTÉS,

PAR L'ACADEMIE-ROYALE

DE MUSIQUE,

Le Mardi 1er. Octobre 1771.

PRIX XXX. SOLS.

AUX DÉPENS DE L'ACADÉMIE.

A PARIS, Chés DE LORMEL, Imprimeur de ladite Académie, rue du Foin, à l'Image Sainte Genevieve.

On trouvera des Exemplaires du Poeme à la Salle de l'Opera.

M. DCC. LXXI.

AVEC APPROBATION ET PRIVILEGE DU ROI.

Le Poeme est de R O I.

La Musique est de DESTOUCHES.

ACTEURS CHANTANTS.

DANS LES CHŒURS.

Côté du Roi.		Côté de la Reine.	
Mesdemoiselles.	*Messieurs.*	*Mesdemoiselles.*	*Messieurs.*
d'Hautrive.	Héri.	du Puis.	l'Écuyer.
Garrus.	Cailteau.	Floquet.	Albert.
de Laurette.	Van-Hecke.	Hebert.	Tourcati.
Durand.	Vatelin.	d'Agée.	Pâris.
Fontenet.	Larlat.	des Rosieres.	Ghuiot.
l'Etienne.	Lagier.	Jouette.	Capoi.
Renard.	Martin.	de l'Or.	Larssure.
Girardin.	Dessart.	Chenais.	Marniesse.
Veron.	Méon.	Denis , l.	Boi.
le Queulx.	Cleret.	Rouxelin.	Laurent.
le Fevre.	Beghaim.	de Merei.	Huet.
la Gaire.	Tacusset.	Quinson.	Parant, c.
Thibault.	Baillion.	S. Julien.	Itasse.
Héri.	Royer.		Jalaguier.
	Cazal.		Jouve.
	de Lori.		Noelle.
	Clairembeault.		Gouzet.

4

ACTEURS.

IXION,   M. Durand.

JUNON,   Mlle. du Plant.

MERCURE,   M. le Gros.

JUPITER,   M. Caſſaignade.

LES HEURES *du* JOUR *& de la* NUIT.

CHŒURS d'AQUILONS *& de* ZÉPHIRS.

PERSONNAGES DANSANTS.

LES HEURES..

Mlle. HEINEL.

Mlle. d'ERVIEUX.

Mlles. Mercier, Auberte, le Houx, Jonveau, l'Eſcot, Henriette, Gertrude, Piccini.

LES ZÉPHIRS.

M. SIMONIN.

M^{rs}. Martinet, Guillet, le Roi, c., Girouſt, Hennequin, c., le Doux, du Mont, Placide.

L'AIR.

Le théâtre représente le Palais de JUNON.

SCÈNE PREMIÈRE.

IXION, *seul.*

DE la reine des airs tout m'annonce la gloire,
Et tout ce que je vois irrite mes desirs :
Desirs ambitïeux, hélas ! dois-je vous croire ?
Faut-il vous étouffer & perdre mes plaisirs ?
Malheureux Ixïon ! quel espoir de victoire
    Autorise ici tes soûpirs ?

SCÈNE II.

MERCURE, IXION,

MERCURE.

DEpuis que je vous vois à la table des dieux,
Vous n'avés point encore employé ma puissance.
Verriés-vous nos beautés avec indifference ?
Ne m'en impôsés pas ; Mercure a de bons yeux.

IXION.

Tout occupé du rang où mon bonheur me place,
    Nul autre soin ne m'embarasse.

MERCURE.

Pour occuper les cœurs la grandeur n'a qu'un jour;
    Bientôt son éclat importune :
    Et la plus brillante fortune,
Pour nous défennuyer, nous rend au tendre Amour.

Aimés: n'est-il donc rien qui puisse ici vous plaire ?

IXION.

Hé bien, conseillés-moi; quel choix devrois-je faire ?

MERCURE.

    De l'ennui d'un nouvel époux
    Consolés la jeune Aurore ;

A Zéphire difputés Flore :
Quel trïomphe fera plus doux ?
L'une & l'autre vous implore
Contre l'amant volage & le mari jaloux.

I X I O N.

Non, non, à ces beautés je ne rends point les armes.

L'Aurore, avec Cephale, oublîra fes malheurs ;
Il fait l'art de tarir fes pleurs :
Et Flore connoît peu les charmes
Des fideles ardeurs.

Non, non, à ces beautés, &c.

M E R C U R E.

Pour votre cœur, généreux & fidele,
La fierté de Junon feroit belle à domter.

I X I O N.

De Junon !

M E R C U R E.

Je fais trop votre refpect pour elle :
Par des foins empreffés on le voit éclater.

I X I O N.

Pour la reine des cieux peut on blâmer mon zele ?

M E R C U R E.

S'il n'eft rien dans les cieux qui vous puiffe arrêter,
Defcendons fur la terre, où Jupiter m'appelle ;
Occupons, comme lui, quelque aimable mortelle.

I X I O N.

A vos sages conseils qui pourroit résister ?

E N S E M B L E.

Consultons le plaisir, écoutons moins la gloire ;
Des aveugles mortels évitons les erreurs :
Ils cherchent, en aimant, l'éclat de la victoire,
Contentons-nous d'en goûter les douceurs.

M E R C U R E.

Vous ne me suivés pas ?

I X I O N.

Préparés la conquête ;
J'attends votre retour.

M E R C U R E.

Je sais ce qui t'arrête.

I X I O N , *à part.*

Auroit-il reconnu l'objet de mon amour ?

SCÊNE

SCÉNE III.

*Le Palais de JUNON s'ouvre; elle eſt ſur ſon trône,
le Tems eſt à ſes piés, les Heures à côté d'elle,
avec les Aquilons & les Zéphirs. IRIS paroît
ſur ſon Arc, derrière le trône.*

LE CHŒUR.

TRïomphés, trïomphés, ſouveraine des airs;
Tout eſt prêt d'obéir à vos ordres divers.

LES ZÉPHIRS.

Recevés des zéphirs les paiſibles hommages.

LES AQUILONS.

Ouvrés aux aquilons & la terre & les mers.

LES ZÉPHIRS.

Par de beaux jours, enchantons l'univers.

LES AQUILONS.

Feſons voler par-tout l'horreur & les orages.

LES ZÉPHIRS.

L'Aurore de ſes feux va dorer les nuages.

LES AQUILONS.

Feſons régner la nuit & les hivers.

JUNON.

Aquilons, aux zéphirs ne faites plus la guerre,
Laiſſés tous les mortels jouïr de mes préſents:

B

C'eſt des cœurs ſatisfaits que je veux de l'encens ;
Junon fait ſon bonheur du repos de la terre.

> Diligente Aurore ,
> Répandés encore
> Des feux plus brillants ;
> Commandés au Tems
> D'épargner de Flore
> Les tréſors naiſſants.　　　*(On danſe.)*

JUNON, *alternativement avec le* **CHŒUR**.

> Heures , favorables
> Aux vœux d'un amant,
> Coulés lentement,
> Soyés durables :
> Heures, de peine & de tourment,
> Paſſés promtement.　　　*(On danſe.)*

JUNON, *alternativement avec le* **CHŒUR**.

> Vole à ma voix, dieu du printems ;
> Ton amour conſtant pour Flore
> La rendra plus belle encore :
> Règne, dieu du printems ;
> Rends les mortels toûjours contents.
> 　　　　　　*(On danſe.)*

J U N O N.

Allés, zéphirs, calmés le ciel, la terre & l'onde ;
Allés, & de Junon répandés les bienfaits :

Qu'Iris annonce au monde
Les beaux jours & la paix.

S C Ê N E   I V.

J U N O N ,   I X I O N.

J U N O N.

ME trompé-je, Ixïon ? votre faveur nouvelle
M'aſſûre-t-elle, en vous, un miniſtre fidele,
  A qui je puiſſe ouvrir mon cœur ?

I X I O N.

  Quelle gloire plus belle,
  Quel bien pour moi plus précïeux !
C'eſt lire dans mon cœur que d'approuver mon zele :
Ah ! de ce ſeul moment je me crois dans les cieux.

J U N O N.

Vous ſavés qu'en dépit de mon amour extrême,
Jupiter me trahit, m'offenſe chaque jour.

I X I O N.

Jupiter eſt perfide, & toûjours Junon l'aime !
Quoi, ce dieu ſi chéri peut quitter ce ſéjour !

Je l'ai cru moins heureux de fa grandeur fuprême,
       Que de l'excès de votre amour.

J U N O N.

Allés, cher Ixïon, defcendés fur la terre ;
       Mes aquilons n'obéiront qu'à vous :
Sachés quelle beauté plaît au dieu du tonnerre,
Et livrés la victime à mes tranfports jaloux.

I X I O N.

       Avec bien moins de couroux
       La vengeance fe fignale :
       Ne puniffés que l'époux,
       Sans fonger à la rivale.

J U N O N.

Eh ! qui peut remplacer Jupiter dans mon cœur !

I X I O N.

Un amant, moins fuperbe, & plus rempli d'ardeur.

J U N O N.

       Que dites-vous ! d'une ardeur indifcrete
Quelque dieu près de moi vous fait-il l'interprete ?

I X I O N.

Un dieu ! qui donc d'entre eux emprunteroit ma voix ?
Pour le bonheur d'un dieu, voudrois-je vous déplaire ?
Non, je vous armerois contre le téméraire.

J U N O N.

J'eftime ce couroux autant que je le dois.

I X I O N.

Ah ! n'en pouvés-vous pas pénétrer le miftere ?

Des feux les plus ardents je me fens dévorer :
Jugés quelle eft leur vïolence,
Si, malgré le danger de rompre le filence,
Un mortel à Junon ôfe les déclarer !
Jugés quelle eft leur vïolence.

J U N O N.

Quel difcours, quelle horreur, quels tranfports fu-
rïeux !
Pour jamais évite mes yeux.

I X I O N.

Non, j'aime mieux les voir tout armés de colere ;
Non, précipités-moi des cieux :
Si je ne vous vois pas, rien ne fauroit m'y plaire ;
Je vous fuivrai par-tout, à toute heure, en tous lieux.
Non, précipités-moi des cieux ;
Partagés, ou vengés un amour téméraire.

J U N O N.

Quoi ! plus coupable encor, tu braves ma fureur ?

                          L'A I R.

I X I O N.

Vos bontés m'ont trahi ; quand je voulois me taire,
Vous avés arraché le secret de mon cœur.
Percés ce triste cœur, prenés votre victime,
Frappés !.. je ne me puis repentir de mon crime...
A mes pleurs, à mes cris, à mes vives douleurs,
N'offrés-vous d'autre prix que toutes vos rigueurs ?

(*Un nuage dérobe* JUNON *aux yeux d'*IXION.)

Mais quel nuage nous sépare !
Déèsse, où fuyés-vous !.. que dis-je ? je m'égare...
Le nuage s'entrouvre... o spectacle fatal !

+++++++++++++++++++++++++++++++++

S C Ê N E   V.

J U P I T E R ,   I X I O N.

J U P I T E R.

SErs d'exemple aux ingrats, tombe au fond du
Tartare.

I X I O N.

Dieu cruël, dieu barbare,
Je meurs du moins ton rival !

F I N.

LA
SIBILLE.

Cet Acte a été pris dans le Recueil imprimé des Œuvres de M. DE MONCRIF, Lecteur de la Reine.

La Musique est de M. D'AUVERGNE, Surintendant de la Musique du ROI & Directeur de l'Académie-Royale.

ACTEURS

ACTEURS CHANTANTS.

ZORAÏDE,   Mlle. du Plant.
ZIMÈS,   M. l'Arrivée.
ÉGLE,   Mlle. Beaumefnil.
LA SIBILLE,   Mlle. Rofalie.
AMANTS & AMANTES, *qui repréfentent ceux
de l'âge d'or.*

C

PERSONNAGES DANSANTS.

AMANTS & AMANTES.

M. GARDEL. Mlle. GUIMARD.

Mlle. PESLIN.

M. SIMONIN, Mlle. d'ERVIEUX.

M^{rs}. Granier, Giguet, Aubri, Caſter, Hennequin, c., Abraham, le Fevre, Simonet.

Mlles. de Miré, Auberte, le Hou, Jonveau, Montauban, Henriette, le Bel, Piccini.

PETITS AMOURS.

M. NIVELON.

Mlles. d'ORIVAL, JOLI.

L A
S I B I L L E.

Le théâtre repréſente un boſquet; on voit, dans le fond, une campagne, &, dans l'un des côtés, on découvre un petit temple champêtre.

SCÉNE PREMIÉRE.
Z I M È S, ſeul.

TU m'as formé pour toi, mon cœur te veut pour
  maître ;
Ne cèſſe point, Amour, de me lancer tes traits.

Tu vois ſi je me livre aux maux que tu me fais :
  Ne pourras-tu jamais connoître
Combien je ſentirois le prix de tes bienfaits ?

C ij

Tu m'as formé pour toi, mon cœur te veut pour
    maître ;
Ne cèsse point Amour, de me lancer tes traits.

Oiseaux , dont les concerts charment dans nos
    forèts ,
Parlés ; & vous, échos de ce temple champêtre,
En contant mes malheurs, me suis-je plaint jamais
      Du dieu chéri qui les fait naître ?

Tu m'as formé pour toi, mon cœur te veut pour
    maître ;
Ne cèsse point, Amour, de me lancer tes traits.

Mais Zoraïde vient : que mon trouble s'augmente !
Attendons, pour la voir, les jeux qui vont s'offrir...
Ingrate ! quoi, Zimès n'a pu vous attendrir ?
Il se plaît cependant à vous trouver charmante.

SCÉNE II.

ZORAÏDE, ÉGLÉ.

ÉGLÉ.

Nᴵᴹᴾᴴᴱ, je me retrouve enfin auprès de vous :
Mais, dans des moments fi doux,
Mon bonheur eft troublé ; je vous vois inquïete.
Seroit-il vrai que votre cœur regrette
Un tendre amant, qu'il a banni ?
On dit que vous l'aimés ; & vous l'avés puni !

ZORAÏDE.

Ah ! faut-il que l'Amour ait des écueils terribles ?
Le penchant eft fi doux à reffentir fes feux !..
Croiroit-on que les jours heureux
Ne font pas faits pour les âmes fenfibles?

ÉGLÉ.

Quoi, l'Amour eft votre vainqueur,
Et les chagrins fuivent vos traces ?
En vous voyant, j'ai cru que le bonheur
Marchoit toûjours à la fuite des grâces.

ZORAÏDE.

Quels nœuds charmants j'avois formés !
Qu'il me plaisoit l'amant, qu'en secret je rapelle !
Timide, ingénïeux à me prouver son zele,
Ses discours, ses soûpirs, ses soins accoûtumés
    Avoient toûjours une grâce nouvelle :
L'Amour forma Zimès pour être le modele
    Des amants, dignes d'être aimés.

ÉGLÉ.

Pourquoi ravir votre présence
A l'amant, dont les soins ont pour vous des attraits ?
Si nous paroître aimable est pour nous une offense,
    Nous ne la punissons jamais.

ZORAÏDE.

Connoissés quel destin est mon triste partage.

    Au printems, dans ce boccage,
La Sibille, avec nous, célebre tous les ans
    Les amours du bon vieux tems ;
On en peint les vertus, on en prend le langage,
    Tel qu'il étoit au premier âge.

ÉGLÉ.

Se peut-il qu'un si beau jour
Vous ait coûté des allarmes ?

Chanter le véritable amour ,
C'eſt vanter l'effet de vos charmes.

ZORAÏDE.

Dans ce jour, ſi fatal, chaque nimphe, à ſon gré ,
Peut avouër l'amant, en ſecret préféré :
J'allois peindre à Zimès ma tendreſſe ſincere ;
Quand la jeune Daphné, qui s'emprèſſe à lui plaire,
Paroît : Zimès, troublé, la regarde un moment :
Ah, de l'amour jaloux funeſte emportement !
De ce regard mon cœur lui fait un crime.
Zimès, par ſes ſoûpirs, m'exprime vainement
Tout l'amour qui pour moi l'anime :
Dans mon dépit, hélas ! je bannis mon amant !
Il me hait, il me fuit !...

ÉGLÉ.

Non, non ; votre colere
A dû lui découvrir qu'il avoit ſu vous plaire.

De l'amoureux flambeau
Dès qu'un trait nous enflâme,
Le dieu des cœurs, à-travers ſon bandeau ,
Lit ſon triomphe dans notre âme.

ZORAÏDE.

Son exil va finir, & c'eſt pour mon malheur.
Ce jour verra renaître

Ces jeux, où j'ai trahi mon amant & mon cœur :
  Zimès y peut paroître ;
Aux piés d'un autre objet je le verrai peut-être...
  J'en mourrai de douleur.

(*On entend une simphonie*).

ÉGLÉ.

Quels concerts!...

ZORAÏDE.

    La fête commence ;
Et, pour y préfider, la Sibille s'avance.

SCENE III.

LA SIBILLE, ZORAÏDE.

AMANTS & AMANTES, *qui repréfentent ceux de l'âge d'or.*

LA SIBILLE.

DE ce tant heureux jour
Profités tous, je vous prie :
Car j'enfeigne d'Amour
La douce fantaifie.

N'avoir l'Amour fuivie ,
Dès fon printems c'eft vieillir;
Mais aimer , c'eft cueillir
Les rôfes de la vie.

De ce tant heureux jour
Profités tous , je vous prie :
Car j'enfeigne d'Amour
La douce fantaifie.

SCÈNE IV.

LA SIBILLE, ZORAÏDE, ZIMÈS;

AMANTS & AMANTES, *qui repréſentent ceux de l'âge d'or.*

ZORAÏDE, à part.

CIEL, Zimès! que dois-je eſperer?

ZIMÈS, à la SIBILLE.

Daignés m'entendre & m'éclairer.

Au tems où l'amour fidele
Inſpiroit du-moins la pitié,
  Si, dans le cœur d'une belle,
La douceur, la feinte amitié
Eût caché la haîne mortelle;
  Comment eût-elle expïé
  Cette trahiſon crüelle,
  Au tems où l'amour fidele
Inſpiroit du-moins la pitié?

ZORAÏDE, à la SIBILLE.

Daignés m'écouter & m'inſtruire.

LA SIBILLE.

Parlés. Hé bien, quel souci vous inspire ?

ZORAÏDE.

S'il est vrai qu'au tems jadis,
Deux amants, faits pour être unis,
Lisoient dans le cœur l'un de l'autre,
Ah, que ces tems, si chéris,
Étoient differents du nôtre !

On est sans-cèsse allarmé,
Quand un tendre amour nous enchaîne ;
On prend le dépit pour la haîne
Dans un cœur qui ne sait qu'aimer.

LA SIBILLE.

Mes doux amis, ne faut qu'on s'imagine
Qu'au bon vieux tems, au jardin des amours,
Nuage aucun ne troublât les beaux jours,
Et que la fleur fût sans pointe d'épine,
N'en croyés tous les beaux discours.
Amour, cette race enfantine,
En nous flatant, volontiers nous lutine ;
Le seul remede est de s'aimer toûjours.

Expliqués vous ; n'ayés de crainte ;
Tous deux avés raison :

D ij

Le silence & la feinte
Aux amours est mortel poison.
Le regard, le parler, la plainte
Sont le chemin de guérison.

ZIMÈS, à la SIBILLE.

Si d'un amant bien tendre
Vous aviés tous les vœux,
Pourriés-vous bien attendre,
Pour rebuter ses feux,
Le jour, le moment de le rendre
Aussi content, qu'il seroit amoureux ;

ZORAÏDE, à la SIBILLE.

Si, dans un trouble inexplicable,
Qui vient d'aimer trop tendrement,
Vous aviés banni votre amant ;
Seroit-ce un crime impardonnable ;

LA SIBILLE.

Fleur des amants, sur vos tendres débats
Il n'est besoin que ma bouche prononce.
Approchés-vous : avoüés que, tout bas,
Vos cœurs, d'accord, vous ont dit ma réponse.
Un siecle encor soyés amants tous deux...
Ne faut qu'aimer pour devenir heureux.

ZORAÏDE & ZIMÈS.

Ah, quel moment! une erreur trop funeste
Ne pourra plus nous allarmer.
Ne cèsse, Amour, de nous charmer.
De l'âge d'or le seul bien qui nous reste
C'est le plaisir, le doux plaisir d'aimer.

SCÊNE DERNIÈRE.

TROUPE D'AMANTS, *conduits par de petits*
AMOURS, *qui arrivent en danſant.*

Les ACTEURS *de la Scêne précedente.*

(*Le* CHEF *des amours va ſe placer au haut du trône,*
& les autres amours ſe rangent autour de lui.)

CHŒURS D'AMANTS & D'AMANTES, *qui environ-*
nent le trône des amours.

LEs amours ſont les rois du monde,
Et les dieux des doux plaiſirs ;
Leur flâme règne au ſein de l'onde ,
Et vole avec les zéphirs.

(*On danſe.*)

LA SIBILLE , *alternativement avec le* CHŒUR.

Qu'au bon vieux tems on étoit ſage !
On aimoit en toute ſaiſon.
Les feux d'Amour étoient le gage
Du plaiſir & de la raiſon.

C'eſt folle erreur de s'en deffendre :
Aimons, aimons, juſqu'à cent ans.

Qui fait aimer d'amour tendre,
Eſt toûjours dans ſon printems.

Qu'au bon vieux tems on étoit ſage !
On aimoit en toute ſaiſon.
Les feux d'amour étoient le gage
Du plaiſir & de la raiſon.

(On danſe.)

LA SIBILLE, ſeule.

Nos montagnes ſont toutes d'or ;
Les perles couvrent ce rivage :
Le don d'aimer eſt un tréſor ,
Qui nous ravit bien davantage.
  Si l'on n'a, je vous le di,
    Sa douce amie,
    Son tendre ami ,
Que fait-on de la vie ?

LE CHŒUR.

    Si l'on n'a , je vous le di,
LES AMANTS. ⎫ Sa douce amie,
LES AMANTES. ⎭ Son tendre ami ,
    Que fait-on de la vie ?

LA *SIBILLE*, *seule.*

La tant douce loi qu'on suivoit,
Dans les amours du premier âge !
Pour art de plaire, on ne savoit
Que s'aimer toûjours davantage.

AVEC LE CHŒUR.

Si l'on n'a, je vous le di, *&c.*

(*Tous les personnages dansants se réunissent pour former un divertissement, qui est terminé par une contredanse*).

FIN.

LE PRIX
DE LA
VALEUR,
BALLET-HÉROÏQUE, EN UN ACTE.

E

*Le Poeme est de M. JOLIVEAU, Directeur
de l'Académie-Royale de Musique.*

*La Musique est de M. D'AUVERGNE, Sur-
Intendant de la Musique du ROI & Directeur
de l'Académie-Royale.*

PERSONNAGES DANSANTS.

GUERRIERS.

M. G A R D E L.

M^{rs}. Trupti, du Pré, Henri, Beaulieu, Rivet,
Gallet, Lieſſe, le Roi, l., des Bordes,
Baux, James.

LES GRÂCES.

Mlles. des Forges, la Fond, de l'Orme.

NIMPHES de la cour de VÉNUS.

Mlle. H E I N E L.

Mlles. Gaudot, Grandi, Martin, Roſé, d'Auvilliers,
Gallet, du Meſnil, Thevenet, Mainvilliers,
Sidonie, du Cheſnois, Adrienne.

PLAISIRS.

M. V E S T R I S.

M. D A U B E R V A L, Mlle. A L L A R D.

M^{rs}. du Bois, Granier, Giguet, Aubri, Caſter,
le Roi, c., Hennequin, l., Abraham, Hennequin, c.,
Guillet, le Fevre, le Doux.

ACTEURS.

VÉNUS,   M^{de}. l'Arrivéc.

MARS,   M. l'Arrivée.

ÉLISE, *nimphe favorite de* VÉNUS, Mlle. Beaumeſnil.

AMINTOR, *amant d'*ÉLISE,   M. le Gros.

PEUPLES *de Cithere.*

GUERRIERS.

La ſcêne eſt à Cithere, dans les jardins de VÉNUS.

LE PRIX
DE *LA VALEUR*,
BALLET-HÉROÏQUE, EN UN ACTE.

Le théâtre repréſente les jardins de VÉNUS à Cithere : on voit, dans le fond, l'extérieur du palais de cette déèſſe ; &, ſur un côté, un trône de fleurs, ſurmonté d'une draperie, formant une eſpece de pavillon, ſoûtenue par des colombes ayant les ailes étendues.

SCÈNE PREMIÈRE.

ÉLISE, PEUPLES, *qu'on entend, & qu'on ne voit pas.*

ÉLISE.

T IR A N des cœurs, devoir impérïeux,
Tu cauſes tous les maux qui déchirent mon âme.

Toi seul m'as d'Amintor fait rejetter les vœux,
  Lorsqu'en secret je partageois sa flâme.

Pour chercher les combats, il a fui de ces lieux;
Peut-être on a tranché des jours si précïeux!..

Impérïeux devoir, fier tiran de mon âme,
En cedant à ta voix j'ai fait deux malheureux.

CHŒUR, *derrière le théâtre.*

Des plus brillants concerts que ces lieux retentissent;
    La paix ramene ici les jeux :
    Qu'aux vainqueurs nos voix applaudissent;
    Portons leur gloire jusqu'aux cieux.

ÉLISE.

D'où naîssent ces transports?... & quel trouble me
      prèsse?...
    Vénus paroît; dérobons-le à ses yeux.

SCÊNE II.

VÉNUS, ÉLISE.

VÉNUS.

É Life, de ce jour partagés l'allegreffe.

Sous les drapeaux de Mars, nos guerriers trïomphants
Vont bientôt reparoître en ces rïants afiles :
Le dieu même à nos jeux, innocents & tranquilles,
   Revient mêler les plus nobles accents.

ÉLISE.

   Déèffe, pardonnés ma crainte :
La victoire fouvent fait payer fes faveurs ;
   N'aurons-nous point à répandre de pleurs ?

VÉNUS.

Je vous entends : banniffés la contrainte.

   Amintor, guidé par l'Amour,
Par fes exploits a fignalé fa flâme ;
Et la beauté qui règne dans fon âme
   Doit s'applaudir de fon retour.

É L I S E.

Je ne le cache point, Amintor m'intereſſe :
Mais mille autres guerriers, rivaux de ſa valeur ;
    N'ont pas moins de droits ſur un cœur
    Qui ſe refuſe à la tendreſſe.

V É N U S.

Et le vôtre, toûjours inſenſible à l'ardeur
    D'un amant, ſi digne de plaire,
    Ne recevroit, qu'avec colere,
    L'hommage d'un héros vainqueur ?

É L I S E.

    Le plus doux calme eſt le partage
    D'un cœur indifferent :
    Jamais l'amour ne dédomage
    Des maux qu'on éprouve en aimant.

V É N U S.

Je ne vous prèſſe plus. Allés, nimphe charmante ,
Allés tout préparer pour la fête brillante
    Où le plus illuſtre guerrier
Doit voir ceindre ſon front d'un immortel laurier.

    (*On entend le ſon des trompettes.*)

    Déjà la trompette éclatante
    De Mars annonce le retour :
Que les plaiſirs conſacrent ce beau jour.

SCÊNE

SCÊNE III.

VÉNUS, PEUPLES, MARS, AMINTOR,

GUERRIERS, *qui, sur le chœur suivant, arrivent en formant une marche de triomphe, ayant AMINTOR & les autres chefs à leur tête, & portant les enseignes de MARS, ainsi que plusieurs trophées formés des armes & des dépouilles de l'ennemi.*

(Le dieu ne paroît que pendant l'air qui suit le chœur.)

CHŒUR, en entrant sur le théâtre.

DEs plus brillants concerts que ces lieux retentissent ;
    La paix ramene ici les jeux :
    Qu'aux vainqueurs nos voix applaudissent ;
    Portons leur gloire jusqu'aux cieux.

(Sur un air de triomphe, partie des guerriers rend hommage à VÉNUS, & dépôse au pié de son trône les trophées de la victoire.)

F

M A R S.

Vous trïomphés, adorable déèſſe;
Cithere n'a plus d'ennemis:
Nos armes vous les ont ſoûmis.

La victoire vole ſans-cèſſe
Sur les pas du guerrier qu'anime la tendreſſe :
En s'expôſant pour la beauté,
Il ſent redoubler ſon courage;
Et ſon grand cœur met ſa félicité
A lui pouvoir offrir l'hommage
Du laurier qu'il a mérité.

V É N U S.

Qu'un tribut ſi flatteur pour Vénus a de charmes !
Et que l'amour l'embellit à mes yeux !
Un bien, qui nous coûta des larmes,
En eſt encor plus précïeux.

M A R S & V É N U S.

Le plus tendre amour nous engage;
Qu'il règne à-jamais ſur nos cœurs.
Sans-cèſſe goûtons ſes douceurs:
Un ſeul inſtant nous dédommage
De l'abſence & de ſes rigueurs.

Le plus tendre amour nous engage ;
Qu'il règne à-jamais fur nos cœurs.

SCÊNE IV.

Les ACTEURS *de la fcêne précédente,*
ÉLISE, *les* GRÂCES, NIMPHES *de la cour*
de VÉNUS.

VÉNUS.

EMpreffés-vous, nimphes & grâces ;
Défarmés le dieu des héros.

Pour lui plaire, inventés mille plaifirs nouveaux ;
Que les fleurs naîffent fur fes traces :
Qu'il goûte, dans un doux repos,
Le fruit de fes brillants travaux.

(Sur differents airs gracieux , les nimphes & les
grâces détachent l'armure & l'épée de MARS,
& lui ceignent une écharpe, auffi riche que galante,
qui lui eft préfentée par ÉLISE.)

MARS.

Guerriers, du fein de la victoire,
Pâffés dans le fein des plaifirs ;

Que les amours rempliffent vos loifirs :
Dans ces beaux lieux n'afpirés qu'à la gloire
De rendre la beauté fenfible à vos foûpirs.

(Les guerriers & les nimphes fe réuniffent, & for-
ment un divertiffement agréable.)

VÉNUS, à MARS.

Pour rendre encor ce jour plus mémorable,
Au prix, qu'attend de vous le plus digne guerrier,
Je veux joindre un bien, préferable
A l'éclat du plus beau laurier.

Je veux qu'une nimphe charmante
A fon fort s'uniffe en ce jour.
La couronne la plus touchante
Eft celle qu'on doit à l'amour.

MARS, aux guerriers.

Allés, & prononcés quelle main triomphante
Doit s'honorer d'un prix qui pâffoit votre attente.

(Sur une reprife de l'air de triomphe, les guerriers fe
retirent en marche, à la fuite de VÉNUS, de
MARS, des grâces, des nimphes & des peuples.)

SCÈNE V.

ÉLISE, AMINTOR.

AMINTOR, retenant ÉLISE, qui semble
vouloir se retirer avec les autres nimphes.

L'Heureux guerrier, dont ce jour glorïeux
Doit, à-jamais, illuſtrer le courage,
Sans doute aux piés d'Éliſe apportera l'hommage
De ſon trïomphe & de ſes vœux.

ÉLISE.

Mon cœur n'eſt point flatté de ce brillant préſage.

AMINTOR.

Éliſe du vainqueur dédaigneroit les feux ?

ÉLISE.

A ſon gré, l'amour nous diſpenſe
Ou des chagrins, ou des faveurs:
Et je préfere les douceurs
D'une tranquille indifference.

AMINTOR.

Et qui, du dieu que l'univers encenſe,
Plus qu'Amintor a ſenti les rigueurs.

Un feul regard d'un objet, trop aimable,
M'avoit enchainé fous fes loix;
Mon cœur, enchanté de fon choix,
A tout dans l'univers le trouvoit préférable :
Mais, infenfible à mon amour,
L'ingrate m'a forcé de quitter ce féjour;
Et, quand le devoir m'y rappelle,
Je la vois s'applaudir de ma peine cruëlle.

É L I S E.

Votre conftance un jour auroit pu la charmer.

A M I N T O R.

S'il étoit vrai !... fon cœur n'eft pas fait pour aimer.

É L I S E.

Vous pourriés la contraindre à vous rendre les armes;
On va donner le prix de la valeur...

A M I N T O R, *l'interrompant.*

Je n'y dois point prétendre, & j'en fuîrois l'honneur
S'il pouvoit lui coûter des larmes.

É L I S E.

Un fentiment fi généreux
L'engageroit, peut-être, à répondre à vos vœux.

AMINTOR.

Je ne dois plus nourrir une vaine efperance ;
Non, je n'obtiendrois pas le prix de ma conftance.

De fes rigueurs c'eft trop gémir ;
C'eft trop long tems adorer l'inhumaine :
Il vaut mieux de mon cœur chercher à la bannir,
Et brîfer, pour jamais, une fatale chaîne.

ÉLISE.

Ainfi vous verriés, fans chagrin,
Un autre recevoir fa main ?

AMINTOR.

(*avec dépit.*)   (*à part.*)

Je le devrois… L'ingrate irrite encor ma peine !

ÉLISE, *avec embarras.*

Et fi, dans le fond de fon cœur,
Plus que le vôtre encor, fenfible,
Le devoir… auftere… inflexible…
L'eût fait gémir de fa rigueur ?

AMINTOR.

Que dites-vous !.. dieux, feroit-il poffible ?..
Ah, confirmés un efpoir fi flatteur,
Charmante Élife ! achevés mon bonheur.

ÉLISE.

Raſſûrer un amant, eh, n'eſt-ce pas lui dire
Que de l'Amour on reconnoît l'empire ?

AMINTOR, ſaiſiſſant la main d'ÉLISE
avec tranſport.

Éliſe ! … o moment enchanteur !
Mon âme à peine y peut ſuffire.

SCÊNE VI.

ÉLISE, AMINTOR, PEUPLES, *qu'on entend
& qu'on ne voit pas.*

CHŒUR, *derrière le théâtre.*

Courons, volons honorer la valeur.

ÉLISE.

Quels chants !

AMINTOR.

Vous frémissés... & votre cœur soûpire.

ÉLISE, avec une inquiétude marquée.

On va proclâmer un vainqueur...
Et vous voyés mon trouble.

AMINTOR, très-vivement.

Ah , quel jour vient me luire!...
Un rival trïomphant... je frissonne d'horreur.

CHŒUR, en entrant sur le théâtre.

Courons, volons honorer la valeur.

G

SCÈNE DERNIÈRE.

VÉNUS, MARS, ÉLISE, AMINTOR, PEUPLES,
les GRACES, NIMPHES *de la cour de* VÉNUS,
PLAISIRS, GUERRIERS.

MARS.

ENfants de Mars, favoris de Bellonne,
Venés confirmer votre choix.

CHŒUR *de guerriers.*

Amintor réunit tous nos vœux & nos voix.

VÉNUS & MARS, *à* AMINTOR.

Approche & reçois la couronne
Que t'ont mérité tes exploits.

AMINTOR, *prenant la couronne des mains de* VÉNUS.

C'eſt à l'amour que je la dois.
(*tendrement à* ÉLISE.)
Et c'eſt à vous, nimphe adorable,
De lui prêter un charme inexprimable.

ÉLISE.

Vous recevés le prix de vos vertus;
Et je fais mon bonheur d'obéir à Vénus.

AMINTOR, *avec feu.*

Un coup d'œil du dieu de la guerre,
Des plus simples mortels fait faire des héros;
Et, d'un regard, la reine de Cithere
Récompense tous leurs travaux.

VÉNUS.

Célébrés l'amour & la gloire,
Peuples; formés les plus brillants accords:
De ces amants, partagés les transports;
Ils font les fruits de la victoire.

LE CHŒUR.

Célebrons l'amour & la gloire;
Chantons, formons les plus brillants accords:
De ces amants partageons les transports;
Ils font les fruits de la victoire.

*(Les grâces, les nimphes & les plaisirs célebrent,
en dansant, le bonheur d'ÉLISE & d'AMINTOR.)*

MARS & AMINTOR.

Du tendre amour encensons les autels;
Brûlons sans-cèsse de ses flâmes:
Les traits de feu qu'il lance dans nos âmes,
Font le bonheur des dieux & des mortels.

(La fête continue.)

VÉNUS.

Vole, Zéphire, viens ; que l'Amour te ramene :
Il enchaîne nos cœurs ; viens animer nos jeux.

Par la douceur de ton haleine,
Des fleurs qui forment notre chaîne
Augmente encor le charme heureux.

Vole, Zéphire, &c.

(*Tous les personnages dansants se réunissent & forment un divertissement géneral, à la fin duquel* ÉLISE & AMINTOR *sont couronnés de rôses & de mirthe fleuri.*

F I N.

APPROBATION.

J'AI lu, par ordre de Monseigneur le Chancelier, LES FRAG-
MENTS, dont le dernier acte est nouveau ; & je n'y ai rien trouvé
qui puisse en empêcher l'impression. A Paris le 26 d'Août 1771.
                                        DU CLOS.